SOUVENIRS

DE

MADAME CAROLINE APPIA

NÉE DEVELAY

VEUVE DE PAUL APPIA

PASTEUR A FRANCFORT-SUR-LE-MEIN

DÉCÉDÉE A PARIS LE 16 FÉVRIER 1867, A L'AGE DE 80 ANS

DE LA PART DE SES ENFANTS

PARIS

TYPOGRAPHIE DE CH. MEYRUEIS

RUE CUJAS, 13

SOUVENIRS

DE

MADAME CAROLINE APPIA

————

Ceux qui ont eu le privilége d'entourer notre chère mère, durant les derniers temps de sa vie, et de suivre le développement paisible et joyeux de sa piété, en ont conservé une impression si bienfaisante, que nous désirons partager avec nos amis quelques-unes des bénédictions puisées dans nos souvenirs. Nous ne craignons pas d'envoyer ces détails familiers à des lecteurs sur l'intérêt desquels nous pouvons compter.

Depuis deux ans que notre mère était établie à Paris dans la Maison des diaconesses, elle jouit, presque sans aucun voile, de la paix et de la joie que le Seigneur donne à ses enfants mûris pour le ciel. Entourée de trois générations de ses enfants, elle avait célébré, le 27 juillet 1866, dans une fête charmante, son quatre-vingtième anniversaire, et les vœux que tant d'amis lui exprimaient à cette occasion furent abondamment exaucés.

En consignant ici ces témoignages, nous aimons à nous souvenir que le sentiment de sa propre indignité devant Dieu, l'humiliation du péager formaient, avec la joie et même la gaieté, l'un des traits distinctifs de la piété de notre mère ; ce n'est donc en aucune manière à sa gloire que nous parlons, mais dans la pensée qu'exprimait un ami chrétien qui fit la prière peu d'instants après son départ : « Lorsque Dieu retire l'un des siens, il semble nous dire : Mon ouvrage est achevé, regardez-le. » Elle savait accepter avec reconnaissance les dons de Dieu, même les plus insignifiants, et en jouissait comme un enfant ; mais les joies domestiques, sa familiarité maternelle qui lui faisait tutoyer les personnes de tout âge, sa douce gaieté ne diminuaient en rien le sérieux de son âme. C'est ainsi qu'après avoir apporté à Noël une orange, un petit chalet suisse, un jouet, un petit traité aux enfants de l'asile, de l'infirmerie ou de l'école, elle priait avec eux de la manière la plus intime ; puis elle allait lire aux jeunes filles de la Retenue (1) quelques chapitres des *Récits du seizième siècle,* ou consoler le mourant, ou, s'approchant du lit d'une bonne vieille qui l'a suivie à quelques jours de distance, elle lui disait : « Quel âge as-tu ? — J'ai quatre-vingt-huit ans. — Eh bien, moi, j'en ai quatre-vingts ; mais dans huit ans j'espère bien être depuis longtemps au ciel auprès de Jésus ! » Ou bien elle allait porter quelque secours à une vieille grand'-mère anglaise, ou quelque parole d'encouragement à la pauvre hydropique qui fut ensevelie le même jour qu'elle, et qui disait du fond de ses grandes douleurs : « Quelle joie, quelle joie de m'en aller vers mon Sauveur ! » Ou encore, se retirant dans son petit intérieur, elle mettait en ordre ou, selon son expression, *catégorisait* ses objets de souvenir, qui ont été trouvés ensuite portant chacun une inscription significative et édifiante. Ou bien elle instruisait dans les vérités fondamentales de la foi une jeune fille sortie depuis peu de la Retenue, et qui commençait à accepter l'influence de l'Evangile. Elle l'exhortait d'une manière solennelle à croire en Jésus-Christ pour sauver son

___

(1) Ces noms indiquent des divisions de l'Œuvre des diaconesses.

âme : « Nous étions perdus, oui, ma chère, perdus pour toute l'éternité, si le Seigneur Jésus n'était pas descendu du ciel pour nous sauver. » — Elle acceptait avec plaisir la régularité de vie qui régnait dans la maison, quoiqu'elle n'eût rien perdu de l'originalité et de la liberté si charmantes de ses allures; pour combattre l'influence affaiblissante de l'âge sur la mémoire, elle notait presque immédiatement toute pensée qu'elle voulait exécuter, ou tout événement de la journée auquel elle attachait quelque importance. Son écriture n'avait rien perdu de sa netteté, et elle alimentait son intelligence par de nombreuses lectures, auxquelles elle consacrait d'ordinaire une partie de la matinée. Outre la Bible et les faits de l'histoire religieuse contemporaine, elle se nourrissait de préférence des récits historiques sur l'époque de la Réformation; elle affectionnait particulièrement ceux de Jules Bonnet, et se fortifiait par les exemples de foi des héros du XVIe siècle : Jeanne d'Albret, Guy de Brez, Bernard Palissy, Curione, surtout Coligny, devenaient ainsi ses amis et ses compagnons. Quand on donna à son arrière-petite-fille le nom de Jeanne, elle s'en réjouit et dit, faisant allusion à Jeanne d'Albret : « C'est le nom d'une femme que j'aimais beaucoup, et que j'ai connue il y a trois cents ans. » Elle eut le rare privilége de ne pas subir l'affaissement que produit souvent la vieillesse, et fut jusqu'au bout de sa longue carrière un vivant témoignage de la vérité de cette parole, qui lui fut citée plus d'une fois dans sa vie (Esaïe XI, 30) : « Les jeunes gens se lassent et se travaillent, même les jeunes gens choisis tombent lourdement. Mais ceux qui s'attendent à l'Eternel reprennent de nouvelles forces; les ailes leur reviennent comme aux aigles; ils courront et ne se fatigueront point; ils marcheront et ne se lasseront point. » L'une de ses lectures favorites avait été *le Dernier Jour de la Passion*, de Hannah; aussi les scènes de la croix se présentaient-elles naturellement à sa pensée.

La dernière et courte maladie de notre mère fut une fluxion de poitrine. Les affections de famille avaient toujours occupé une large place dans son cœur. Elle jouissait particulièrement des passages de la Bible où Dieu rend témoignage à leur valeur et à leur importance. Ainsi, le dernier jour encore, voyant arriver un de ses fils, elle lui cita les paroles de Jésus sur la croix : Voilà ton fils, — voilà ta mère.

Quand on lui chantait le Psaume XLII, elle répétait les paroles chantées, ainsi que celles du Psaume XXVII ou bien, pendant la nuit, elle récitait le Psaume CXVI : « J'aime mon Dieu. »

Notre mère a conservé sur son lit de mort le caractère simple, vif et poétique que tous ses amis lui ont connu; elle appelait des mandarines qu'une chère nièce lui avait apportées des pommes du jardin des Hespérides. Une fois, pendant la nuit, elle se mit à réciter la romance de Chateaubriand : *Combien j'ai douce souvenance.* « C'est pour me distraire un peu, » ajouta-t-elle. Elle s'informait de ce qui se passait dans cette chère Maison des diaconesses où tout l'intéressait. Son âme se sentait intérieurement soutenue et consolée par la grâce de Dieu; quand on lui citait des paroles de foi et de consolation, telles que celles du Psaume LXII : « Quoi qu'il en soit, mon âme s'appuie sur Dieu, je ne serai pas beaucoup ébranlé, » elle répondait un énergique : « C'est cela, » comme une sorte d'*amen.* Dans toutes les expériences, dans toutes les épreuves, Dieu était son bon et fidèle Berger; aussi avait-elle toujours aimé le Psaume XXIII; et lorsque, dans un moment d'angoisse, nous lui en citâmes les premiers versets, en particulier cette parole : « Quand je marcherais par la vallée de l'ombre de la mort, je

ne craindrais aucun mal, car tu es avec moi; »
« Oui, reprit-elle, il est avec moi et avec toi, et
avec tous; » et ensuite : « Ton bâton et ta hou-
lette. » Un de ses gendres, arrivé de Genève avec
ses petits-fils, s'étant approché de son lit, et lui
ayant dit : « Nous nous reverrons là-haut, où rè-
gnent la vérité et la charité, » elle ajouta : « Et
la réalité, — avec ces bonnes âmes » (faisant allusion à sa fille Cécile et à sa petite-fille Adèle).
Une amie intime de la famille s'étant approchée
de son lit, la malade lui dit : « Il ne faut pas que
tout le monde se tourmente. — N'est-ce pas,
dit l'amie, il ne faut pas se tourmenter, mais se
confier, parce que nous sommes tous bénis. —
Oui, ajouta-t-elle, c'est justement ce que je vou-
lais dire. »

La maladie atteignit notre mère au moment où
elle était déjà depuis longtemps préparée au dé-
logement, quoiqu'il n'y eût chez elle aucune trace
de dégoût de la vie; mais lorsque les symptômes
de son mal se furent manifestés, elle rendit à Dieu
d'ardentes actions de grâces pour toutes ses dis-
pensations, le remerciant tout particulièrement
de son épreuve, et le priant d'en bénir les effets
pour elle et pour les siens. Le troisième jour de
sa maladie, elle dit à sa petite-fille : « Tout ce

que Dieu nous envoie, c'est par amour; s'il nous procure des joies, c'est par amour; s'il nous envoie des afflictions, c'est par amour; c'est tout par amour. » Elle eut cependant quelques moments d'angoisse; le dernier jour, comme son fils lui citait ce passage : « Vous aurez de l'angoisse au monde, mais prenez courage, j'ai vaincu le monde, » elle répondit : « Je voudrais bien vaincre aussi. »

Elle témoigna jusqu'à la fin une tendre sollicitude pour ceux qui la soignaient. Le matin du dernier jour, elle dit encore : « C'est un moment difficile pour vous. » Une autre fois : « Maintenant allez-vous reposer; » puis, parlant d'une des jeunes filles qui lui avaient donné de l'inquiétude : « Dites à *** que je ne l'oublie pas, même dans les moments les plus difficiles. » A tous ceux qui l'approchaient, elle donnait quelque témoignage d'intérêt ou d'affection : « Cette petite est une charmante enfant; il faut bien la soigner, » disait-elle, après avoir vu pour la dernière fois une de ses arrière-petites-filles. Le second ou le troisième jour de sa maladie, elle écouta avec intérêt ce qu'on lui rapportait d'une réunion de prières où avaient assisté différents amis. — D'ailleurs, pendant toute sa vie elle avait cru à l'efficace de la prière et l'avait bien prouvé. C'est ainsi qu'après une réunion tenue à la Maison des diaconesses, pendant la première semaine de janvier, elle raconta à sa petite-fille que la pensée lui était venue tout à coup de proposer qu'on priât pour les enfants de la salle d'asile et de l'école : « J'avais oublié que celui qui propose un sujet de prières, dit-elle, est obligé de prier lui-même ; alors on m'a demandé de faire la prière ; j'étais un peu embarrassée, parce que je pensais qu'un autre la ferait, mais pourtant j'ai, tant bien que mal, dit quelques mots. » Ce qui l'avait touchée, c'est qu'un enfant qui jouait dans la salle, entendant prier pour les enfants, avait spontanément quitté ses joujoux, pour se mettre à genoux. — Elle continua elle-même à haute voix une des dernières prières que nous lui fîmes, insistant surtout sur la confession de ses péchés ; souvent elle disait, en parlant de la grâce de Dieu : « Une fois que nous sortons de là, nous sommes perdus. » Le sentiment de la suffisance de la grâce et de l'amour de Dieu lui donnait un courage particulier et une grande liberté, quand elle parlait aux autres du pardon des péchés ; et son espérance ferme et joyeuse, sa confiance entière dans l'amour de Dieu la rendirent capable de relever le courage de beaucoup d'âmes, et la firent devenir pour elles un réel appui.

Nous bénissons Dieu particulièrement de ce que ses cinq enfants et le mari de sa fille défunte eurent le temps d'arriver de divers côtés, et de l'entourer jusqu'à sa fin. Dieu lui épargna un combat prolongé; plusieurs fois on la vit sourire en entendant le chant des cantiques venant de l'oratoire, contigu à sa chambre. Le samedi 16 février, comme un de ses fils célébrait dans la chapelle le culte du soir, elle parut écouter avec attention le chant du Psaume XXVII. Le service terminé, nous nous trouvâmes réunis autour de son lit; lorsque le dernier moment approcha, nous nous rappelâmes que notre bienheureux père aimait qu'on chantât des cantiques aux mourants; sur notre invitation, quelques-unes des diaconesses que notre mère avait tant aimées, entonnèrent doucement avec nous ces paroles :

Rien, ô Jésus, que ta grâce.

C'est alors que son âme s'envola dans les bras de son Dieu.

Ses traits conservèrent l'énergie et la douceur qu'on aimait tant à trouver en elle; en les contemplant pendant deux jours, en voyant toute

la maison venir les contempler en silence dans
une affection sincère et respectueuse, nous nous
rappelions ces vers de notre bienheureux père
dans sa poésie intitulée : *Dorcas*, et dédiée à sa
chère compagne :

> J'ai vu le juste en sa couche mortelle,
> Il reposait le front calme et serein ;
> Un ange ami, le couvrant de son aile,
> Lui révélait un éternel matin.
> J'ai vu le pauvre arroser de ses larmes
> Son humble tombe, et j'ai dit en mon cœur :
> Les saints de Dieu s'endorment sans alarmes,
> Oh ! que ma fin soit semblable à la leur !

Le service funèbre fut célébré d'abord dans la
chapelle de cette maison où tant d'affection et de
paix avaient entouré et réjoui ses derniers jours.
Son gendre, M. le pasteur Vallette, présida à
cette cérémonie, où quelques pasteurs, amis par-
ticuliers de la défunte, prirent la parole, comme
aussi ensuite au champ du repos, pour lire
l'Ecriture sainte, prier ou prononcer quelques
paroles sorties de leur cœur. Nous accompa-
gnâmes sa chère dépouille au cimetière du Père-
Lachaise ; c'est là qu'elle fut déposée, tout auprès
de la tombe d'une amie, dans un emplacement
élevé et pittoresque, choisi par ses enfants, en

attendant la bienheureuse résurrection et l'avénement du Seigneur Jésus.

« Je suis la résurrection et la vie; celui qui croit en moi vivra, quand même il serait mort; et celui qui vit et croit en moi, ne mourra point pour toujours » (Jean XI, 25, 26).

« Ceux qui dorment en Jésus, Dieu les ramènera avec lui » (1 Thess. IV, 14).

Paris. — Typ. de Ch. Meyrueis, rue Cujas, 13. — 1867.

www.ingramcontent.com/pod-product-compliance
Lightning Source LLC
Chambersburg PA
CBHW061632050726
47595CB00007B/3188